DE

L'INSUFFISANCE

VIS-A-VIS DES TIERS,

DU MODE LÉGAL DE PUBLICITÉ

DONNÉE

1º Aux Faits de l'État civil
2º Et aux Décisions judiciaires qui modifient
la condition de la Personne, sa capacité
et ses aptitudes

ET

EXPOSÉ D'UN SYSTÈME DE PUBLICITÉ PERMANENTE ET UNIFORME

PAR

L. BILLARD

Greffier du Tribunal civil de Dole (Jura)

DOLE
IMPRIMERIE BLUZET-GUINIER, RUE DUSILLET, 19

1878

DE

L'INSUFFISANCE

VIS-A-VIS DES TIERS,

DU MODE LÉGAL DE PUBLICITÉ

DONNÉE

1° Aux Faits de l'État civil
2° Et aux Décisions judiciaires qui modifient
la condition de la Personne, sa capacité
et ses aptitudes

ET

EXPOSÉ D'UN SYSTÈME DE PUBLICITÉ PERMANENTE ET UNIFORME

PAR

L. BILLARD

Greffier du Tribunal civil de Dole (Jura)

DOLE
IMPRIMERIE BLUZET-GUINIER, RUE DUSILLET, 19

1878

PREMIÈRE PARTIE

PREMIÈRE PARTIE

ÉTAT CIVIL

§ 1er. — Considérations générales sur l'Etat civil

L'homme, considéré au point de vue du droit, c'est-à-dire au point de vue sous lequel l'envisage le Code civil dans le livre I (articles 7 à 516) constitue ce que la loi appelle *la Personne*.

La Personne est tout Être susceptible d'avoir des *droits* et des *devoirs*, capable de s'obliger envers les autres et d'obliger les autres envers lui.

Mais les droits et les devoirs ne s'exercent pas d'une manière égale ; la *qualité* des personnes modifie cet exercice selon des règles tracées par nos lois. Ces qualités, actives ou passives, résultent de l'âge, du sexe, du fait du mariage, etc., etc.

Une personne peut être privée de la jouissance de ses droits civils ou seulement de l'exercice de cette jouissance ;

Selon qu'elle est célibataire, mariée ou veuve, une femme voit ses droits et ses devoirs se modifier ;

Selon qu'elle est majeure ou mineure, interdite ou non interdite, absente ou présente, une personne possède l'exercice de ses droits ou bien est privée de cet exercice.

Il est donc d'une importance extrême pour tous, de connaître la *qualité* d'une personne, c'est-à-dire son aptitude, sa capacité, sa possibilité ; en un mot, son état civil ou privé.

Ses droits et ses devoirs dérivent des différentes conditions auxquelles cet état est soumis.

Ils se modifient selon les événements.

Ils s'éteignent avec la vie.

La naissance, le mariage, la mort, sont les principaux événements qui créent, modifient ou détruisent les conditions de l'état civil ou privé.

---

§ 2. — Les actes de l'Etat civil.

Les trois événements principaux de la vie de l'homme, la naissance, le mariage et le décès sont constatés par des procès-verbaux dressés sur des registres spéciaux dont la tenue est prescrite par le législateur. Ces procès-verbaux prennent le nom d'*Actes de l'état civil.*

Le mot *acte*, dans son sens étymologique, veut dire ce qui a lieu, ce qui se passe : il est synonyme d'événement.

Dans le sens juridique, tel que le comprend le Code civil, il est la preuve écrite de l'événement, il est l'*instrumentum* destiné à constater trois grandes époques, la naissance qui fixe le point de départ des droits et des devoirs ; le mariage qui fonde la famille, crée de nouvelles conditions d'existence pour les époux ; et le décès qui rompt tous les liens qui rattachaient l'homme à ses semblables et donne ouverture à sa succession.

---

§ 3. — Importance attachée par le législateur à la constatation de l'état des personnes.

Il était de la plus haute importance que des actes solennels fussent dressés pour constater l'état des personnes.

« Il importe également à la société, au public, aux individus et
« aux familles que ces trois événements (naissance, mariage, décès)
« soient constatés de manière que l'époque n'en puisse être
« révoquée en doute. Les individus composent les familles et les
« familles composent l'Etat qui est la grande famille ou la réunion
« de toutes les familles. Chaque individu n'appartient donc pas
« uniquement à sa famille, il appartient aussi à l'Etat. (Toullier,
« nº 300.)

Les prescriptions minutieuses par lesquelles le législateur s'est complu à réglementer la matière de l'Etat civil, témoignent de l'importance qu'il y a attachée.

Ainsi, il a confié la rédaction de ces actes au magistrat municipal qui est dans la commune le représentant à la fois de l'universalité de ses concitoyens, dont il est le premier, et du gouvernement, c'est-à-dire du pouvoir chargé de l'exécution de la loi.

Il n'a pas voulu laisser soit aux individus, soit aux familles intéressées le soin de constater des événements aussi graves, auxquels l'État ne saurait rester étranger.

Il a ordonné que ces actes fussent dressés non pas sur des feuilles volantes susceptibles d'une destruction facile, soit volontaire soit accidentelle; mais à la suite des uns des autres, sur des registres dont chaque feuille est préalablement cotée et paraphée par le Président du Tribunal de première instance de l'arrondissement.

Ces registres sont tenus en double; de cette manière, le rédacteur se trouve obligé de se relire et de se contrôler lui-même en quelque sorte. Une circonstance, une date, un mot essentiel omis lors de la rédaction du premier double échappe moins facilement lors de la transcription sur le second et peut être rétabli immédiatement, alors que la présence des déclarants et des témoins rend cette rectification possible.

De plus, la présence obligatoire des témoins réunissant certaines conditions, garantit la sincérité des déclarations consignées aux registres et prémunit contre toute idée de fraude.

Enfin, l'un des doubles registres, clos et arrêté, est déposé chaque année aux archives du Greffe du Tribunal de première instance de l'arrondissement, afin d'en assurer la conservation et de diminuer les chances de perte et de destruction.

L'autre double reste aux archives de la commune.

Les maires, en tant qu'officiers de l'état civil ne sont pas des agents administratifs sous la dépendance des préfets, mais bien des fonctionnaires de l'ordre judiciaire placés sous la surveillance et la direction des Procureurs de la République.

A ce titre, les registres sont soumis chaque année à la vérification du Procureur de la République de l'arrondissement, et des pénalités sont édictées contre les officiers de l'état civil qui contreviendraient aux prescriptions de la loi.

Le législateur a prévu le cas où des rectifications seraient à faire ou des omissions seraient à réparer, ou des actes mêmes seraient à créer en leur entier. Dans ces divers cas, la partie intéressée présente requête au Tribunal ; cette requête est communiquée au ministère public, des témoins sont entendus s'il y a lieu, et un jugement intervient enfin qui statue sur la demande, à charge d'appel.

Cette solennité et ces garanties sont un nouveau témoignage de la sollicitude de la loi et de l'importance attachée à la constatation de l'état civil.

---

§ 4. — A qui profitent surtout les actes de l'état civil.

Il faut le reconnaître néanmoins, l'état civil, tel qu'il est réglementé par notre code, c'est-à-dire ayant pour mission de constater les trois grands évènements de la vie civile, est plutôt établi dans l'intérêt de l'individu que dans celui des tiers. C'est à celui qui en est l'objet qu'il profite ; c'est celui-ci que le législateur a eu en vue ; celui-ci qui doit bénéficier surtout des énonciations de ces actes et s'en prévaloir.

Il n'est pas jusqu'à l'acte de décès qui ne puisse être considéré comme dressé dans un intérêt privé, celui de la personne que le défunt a appelé à lui succéder ou que la loi désigne pour continuer sa personne à défaut de l'expression d'une volonté contraire.

Les trois événements importants de la vie civile, la naissance, le mariage, le décès, ne sont pas les seuls faits qui établissent ou modifient l'état d'un individu ; l'adoption, la reconnaissance de l'enfant naturel, la légitimation apportent un changement considérable dans l'état de la personne, et cela est si vrai, que le législateur a prescrit une mention spéciale de cette modification en marge de l'acte de naissance de l'individu qui en bénéficie

Mais, là encore, le principal intéressé est l'adopté, le légitimé, l'enfant reconnu.

---

§ 5. — Des droits des tiers. — Aptitudes et capacités.

Si la loi a pris grand soin de faciliter à la personne la justification de ses droits, elle s'est, il faut le reconnaître, bien peu préoccupée des moyens de faciliter aux tiers la connaissance de ses devoirs.

L'homme, dans ses rapports avec ses semblables, au point de vue de ses intérêts matériels, des engagements que la vie civile l'appelle chaque jour à contracter avec des tiers, doit être pourvu d'aptitudes et de capacités spéciales dont l'existence ou le défaut valide ou vicie le contrat.

Il est donc de la plus grande importance, il est même souverainement moral que la capacité civile, l'aptitude légale puissent être vérifiées facilement, sans qu'il soit nécessaire de recourir à des moyens peu pratiques tels que la mise en demeure, les sommations, les recherches quelquefois impossibles, toujours délicates, et souvent blessantes.

§ 6. — Dangers de l'état actuel.

Comment, dans l'état actuel de la législation, découvrir chez un tiers la qualité de célibataire, d'époux ou de veuf ? A cet égard on est réduit, la plupart du temps, à s'en rapporter à la déclaration des parties intéressées.

La loi, qui est l'expression du juste, qui doit veiller à la validité des contrats et à la sécurité des contractants, qui doit mettre ceux-ci à l'abri des surprises et des causes de nullité, qui doit, enfin, faire que les engagements librement consentis sous sa garantie ne soient pas lettre morte, — devrait aussi, par voie de conséquence et pour continuer son rôle protecteur, rendre facile la découverte des aptitudes et des capacités.

Est-on jamais assuré que la femme avec laquelle on traite ait capacité pour s'engager ? Que celle-ci devenue veuve d'un premier mari, dont, peut-être, on connait le décès, n'ait pas convolé à de secondes noces ? Que celui qu'elle présente comme son époux ait réellement cette qualité ?

Qui avertit le père de famille que l'étranger qui s'introduit chez lui et demande la main de sa fille n'est pas sous le coup d'une interdiction ou d'un conseil judiciaire, ou bien qu'il n'est pas engagé déjà dans les liens du mariage ; ou bien encore que, devenu veuf, il n'a pas à sa charge des enfants dont il veut laisser ignorer l'existence ?

§ 7. — Cause du silence du législateur à cet égard.

Au temps où se discutait le chapitre de notre législation sur l'état des personnes, on émigrait peu, on s'éloignait rarement de son village et de sa famille ; il était facile alors de connaître l'état privé de chacun. Mais aujourd'hui, dans l'état de fiévreuse impatience où nous vivons, où chacun cherche une fortune rapide ailleurs que sous le toit paternel, où jeunes filles aussi bien que jeunes garçons quittent le foyer domestique pour les grandes villes d'où ils ne reviennent plus, les dispositions législatives sont devenues insuffisantes ; elles sont restées et ont dû, par suite de leur essence même, rester stationnaires pendant que tout progressait autour d'elles.

Pourquoi en serait-il toujours et forcément ainsi ?

Il serait temps de songer à sauvegarder les droits des tiers, à rendre la fraude impossible, à assurer aux familles le repos matériel et moral, à compléter l'œuvre du législateur de l'an XI en élargissant son cadre et l'appropriant aux exigences de l'état actuel de nos mœurs et de la civilisation.

§ 8. — Exposé du système de l'auteur.

Pour atteindre le but indiqué ci-dessus, il faudrait rendre publics tous les faits, tous les événements, toutes les décisions qui modifient la capacité ou l'aptitude des personnes.

Il faudrait centraliser tout ce qui, à ce point de vue, concerne le même individu et peut renseigner les tiers sur : 1° son état civil, 2° sa capacité.

Pour cela, il faudrait rattacher tous ces faits successifs à un fait primitif, immuable, unique, s'appliquant à chacun en particulier.

Ce fait ne saurait être autre que celui de *la naissance*.

Le lieu de la naissance qui reste invariablement le même, quels que soient le domicile, la résidence ou la.. demeure de la personne, me semble tout naturellement indiqué comme lieu de la centralisation dont il est parlé plus haut.

L'acte dressé pour constater le fait de l'entrée dans la vie civile, l'acte qui établit la filiation et duquel se déduit la capacité résultant de la qualité de majeur ou de mineur, doit fournir les éléments nécessaires pour remonter la chaîne de la famille jusqu'à ses premiers anneaux, et devenir de même le point de départ de la chaîne descendante.

---

§ 9. — Analogie avec le casier judiciaire.

Le casier judiciaire qui est établi et qui fonctionne avec une régularité parfaite depuis 1850, qui rend de si grands services dans la poursuite des crimes et délits, a adopté comme lieu de la centralisation le Greffe du Tribunal de première instance de l'arrondissement dans la circonscription duquel l'individu est né.

---

§ 10. — Centralisation aux Greffes des Tribunaux civils.
Motifs de cette préférence.

Par application du système adopté pour le casier judiciaire et par les mêmes motifs qui en ont déterminé l'établissement aux Greffes des Tribunaux civils, il faudrait que les renseignements sur l'état civil et la capacité, en un mot sur tout ce que les tiers ont intérêt à connaître, fussent centralisés au Greffe du Tribunal de l'arrondissement de la naissance.

Abandonner, dans certaines communes rurales, aux maires qui se succèdent à des intervalles rapprochés, le soin de recueillir et mentionner des renseignements dont ils ne comprendraient pas, la plupart du temps, l'importance et la portée, serait, on le reconnaîtra sans peine, condamner le système tout entier à l'impuissance et en faire un système mort-né.

D'ailleurs, cette multiplicité de lieux de centralisation entraînerait pour les intermédiaires, un surcroît de correspondance, augmenterait les chances de perte et d'erreur, rendrait illusoire, sinon impossible la surveillance des Parquets, et enfin obligerait les tiers à des déplacements nombreux.

Au contraire, confier ce travail aux Greffiers des Tribunaux civils serait assurer le fonctionnement régulier de ce nouveau service avec toute l'exactitude qu'il exige et tout le soin que les greffiers apportent, au surplus, aux actes de leur ministère.

Déjà chargés de la tenue du casier judiciaire, du dépôt et de la conservation des registres de l'état civil de toutes les communes de leur arrondissement, habitués à faire des recherches et à compulser des dossiers ; appelés chaque jour à entendre débattre devant les tribunaux les questions relatives à l'état privé des personnes, les Greffiers sont tout naturellement désignés pour ces nouvelles fonctions : personne ne saurait mieux qu'eux en comprendre et en apprécier l'importance.

En outre, le Greffe est un lieu ouvert au public et où, à toute heure du jour, pourraient être donnés en communication les renseignements demandés par les tiers.

Enfin le contrôle des Parquets, auxquels incombe la surveillance de tout ce qui touche à l'état civil, pourrait, à ce moyen, s'exercer à toute heure de chaque jour.

––––––––––

§ 11. — Le système d'un casier sur le modèle du casier judiciaire est impraticable.

Les casiers judiciaires actuels ne comprennent que les condamnations correctionnelles et criminelles encourues par l'individu. Celui-ci mort, les bulletins qui le concernent n'ont plus de raison d'exister; il n'y aura plus jamais lieu d'y recourir. Ils doivent disparaître. Le casier est allégé d'autant.

D'ailleurs, les condamnés sont, Dieu merci, l'infime minorité de la population ; il n'y a pas à redouter un encombrement de bulletins.

Il n'en saurait être de même quand il s'agira de renseignements concernant la population de tout un arrondissement, non pas seulement la population actuelle, mais encore celle future; non pas seulement pour une période de 10 ans, de 20 ans, mais pour toujours. L'encombrement qui résulterait du grand nombre des bulletins se produirait dès la création, les chances d'erreur ou de perte, les classements défectueux, les déplacements se multiplieraient à l'infini.

Enfin il serait trop facile de *laisser* disparaître un bulletin dont rien ne pourrait faire reconnaître l'enlèvement.

Par tous ces motifs, on voit que l'établissement d'un casier civil sur le modèle du casier judiciaire n'est pas praticable.

---

§ 12. — Théorie du système proposé.

L'établissement d'un casier civil est impossible par les raisons que je viens de donner ; mais ne pourrait-on découvrir un mode d'application du principe du casier judiciaire qui permit d'utiliser tous les avantages que ce casier présente sans avoir à redouter les inconvénients signalés plus haut.

Un moyen que je crois très pratique et d'une exécution simple et facile, serait celui-ci :

« Inscrire en regard de l'acte de naissance de toute personne « les faits qui modifient son état privé. »

Cette inscription serait une simple mention résumant un bulletin transmis par l'officier de l'état civil qui aurait dressé l'acte duquel résulterait la modification.

Pour permettre cette inscription il faudrait, afin de se ménager un espace suffisant, doubler dans le registre des naissances qui est destiné à être déposé au Greffe du Tribunal de l'arrondissement, doubler, dis-je, le nombre des feuilles de papier nécessaire à la rédaction des actes.

Ainsi, en supposant qu'un registre annuel des naissances composé de dix feuillets soit suffisant pour le double destiné aux archives de la commune, on composerait de vingt feuillets le double-registre destiné au Greffe.

Les actes ne seraient rédigés sur ce dernier qu'au recto de chaque feuillet (moins le premier qui resterait en blanc) de manière à laisser en blanc le verso du feuillet précédent. Ce verso serait destiné à recevoir toutes les inscriptions et mentions dont il sera parlé ci-après et qui se rapporteraient à la personne à laquelle s'appliquerait l'acte inscrit en regard.

En tenant compte de l'interdiction de rédiger les actes sur le verso de chaque feuillet il serait satisfait à l'obligation imposée par la loi de ne laisser ni blancs, ni lacunes entre les actes.

Avant tout, il faudrait obliger tout individu qui se présente devant l'officier de l'état civil pour faire constater un événement le concernant, à être porteur d'un extrait de son acte de naissance.

Le lieu et la date de cette naissance seraient indiqués dans tous les actes.

§ 13. — Application.

Passons de la théorie à l'application.

1° *Naissance d'un enfant légitime.*

Je suppose qu'il s'agisse de dresser acte de la naissance d'un enfant légitime, acte qui intéresse à la fois le père, la mère et l'enfant.

On devra présenter à l'officier de l'état civil l'acte de mariage des père et mère de l'enfant. Cet acte, outre la date du mariage, contient l'énonciation du lieu et de la date de la naissance de chacun des époux.

Ces diverses énonciations seraient reproduites dans l'acte à dresser.

La production de cette pièce, tout en justifiant la qualité d'enfant légitime attribuée à l'enfant, obvierait encore à toute erreur d'orthographe dans le nom patronymique et à l'omission de quelques prénoms des père et mère, ou à l'interversion de leur ordre.

Ces erreurs et omissions sont une source fréquente de difficultés dans la constatation de l'identité et de la filiation ; elles deviennent une cause non moins fréquente de jugements rectificatifs obtenus à grands frais.

Aussitôt l'acte régulièrement dressé et signé, l'officier qui l'a reçu en dresserait un double extrait sur papier libre, sous forme de bulletin, contenant sommairement toutes les énonciations de l'acte lui-même.

Ce bulletin pourrait être conçu dans les termes du modèle nᵒ 1. (Voir les formules à la suite.)

2ᵒ *Naissance d'un enfant naturel.*

S'il s'agit de la naissance d'un enfant né hors mariage il faudrait distinguer :

1ᵒ Le cas où le père et la mère sont désignés dans l'acte ;

2ᵒ Lo cas où l'un des deux y est seul indiqué ;

3ᵒ Enfin le cas où ni l'un ni l'autre n'y est dénommé.

Dans la première hypothèse, un double bulletin serait dressé selon la formule nᵒ 1, et on se bornerait à remplacer l'énonciation relative au mariage par ces mots : NON MARIÉS.

Dans le second cas un seul bulletin serait établi et le nom de l'auteur non désigné en l'acte serait remplacé par le mot : INCONNU.

Enfin, dans la troisième hypothèse, il ne serait pas dressé de bulletin, puisque la naissance ne serait à mentionner nulle part.

3ᵒ *Reconnaissance d'un enfant naturel. — Légitimation par mariage. Adoption.*

Le Code civil, dans son article 62, ordonne que l'acte de reconnaissance d'un enfant naturel sera mentionné en marge de l'acte de naissance.

Les légitimations par mariage doivent de même faire l'objet d'une mention.

Dans la pratique l'avis de ces deux faits d'une importance majeure n'est pas toujours régulièrement donné.

Puisqu'il s'agirait de réglementer la matière des mentions, ce serait ici le cas d'ordonner, dans l'espèce, la délivrance de bulletins spéciaux pour les reconnaissances et les légitimations.

Il en serait de même pour les adoptions.

(Voir les formules, nᵒˢ 2 et 3.)

2

4º *Mariage.*

La mention de la naissance d'un enfant légitime en regard des actes de naissance de ses père et mère aura déjà été précédée de celle constatant leur mariage.

Le bulletin de mariage devrait être dressé en double et mentionné en regard de l'acte de naissance de chacun des époux.

La formule de ce bulletin porte ci-après le nº 3.

5º *Décès.*

De même lorsque surviendra un décès, l'acte qui en sera dressé devra contenir l'indication non-seulement du lieu et de la date de la naissance du défunt, mais encore du lieu et de la date de la naissance de son époux.

Le bulletin de décès serait dressé en double si le défunt était marié à l'époque de sa mort; il serait simple au cas ou il s'agirait d'un célibataire ou d'un veuf.

La mention du décès serait faite en regard de l'acte de naissance du défunt et en regard de l'acte de naissance de son conjoint.

La cause de cette double mention serait d'avertir les tiers de la dissolution de la communauté, de la liberté de convoler rendue au survivant, de la réintégration de la femme survivante dans son aptitude à l'exercice de ses droits civils, de l'ouverture d'une tutelle s'il y a lieu. et de l'appel du conjoint veuf à bénéficier des dispositions stipulées à son profit par le défunt dans son contrat de mariage, etc., etc.

Les bulletins de décès s'appliquant à des enfants morts avant le dépôt au greffe du registre sur lequel leur naissance est inscrite seraient conservés par le greffier pour être mentionnés par lui aussitôt après le dépôt de ce registre dans ses archives.

La mention de décès terminerait celles à faire en regard de l'acte de naissance de toute personne.

La formule du bulletin de décès porte le nº 5.

§ 14. — Envoi des bulletins de toutes les communes de l'arrondissement au Parquet du ressort.

Les bulletins de naissance, de mariage et de décès, de reconnaissance, de légitimation et d'adoption seraient à la fin de chaque mois adressés par le maire de la commune au Parquet du Procureur de la République de l'arrondissement.

Ce magistrat, dans les dix premiers jours de chaque mois, remettrait au greffier de son tribunal les bulletins concernant les individus nés dans son arrondissement et transmettrait à ses collègues des autres arrondissements les bulletins destinés à être mentionnés en regard des actes de naissance déposés aux greffes étrangers.

§ 15. — Mentions à faire par les Greffiers.

A la réception du bulletin, les greffiers feraient immédiatement mention de l'événement qu'il constate dans la page en blanc ménagée en regard de l'acte de naissance des père et mère, s'il s'agit d'un bulletin de naissance ; de chacun des époux, s'il s'agit d'un mariage ; du défunt et de son conjoint, s'il s'agit d'un décès.

Cette mention, très succincte puisqu'elle ne serait que l'énonciation d'un acte auquel on se reporterait facilement dans tous les cas où il en serait besoin, pourrait être conçue dans les termes indiqués plus loin à la suite de chaque formule de bulletin.

§ 16. — Economie du système. — Utilité. — Simplicité.

L'utilité pratique de ce système résulte jusqu'à l'évidence la plus éclatante de la simple lecture de l'exposé qui précède.

De plus, l'exécution de cette mesure n'exigerait de la part de la personne qui en serait chargée ni recherche difficile, ni travail intellectuel, rien en un mot qui ne puisse se rencontrer à la mairie du plus humble village. C'est presque un travail mécanique qui consisterait à remplir des blancs ménagés dans des formules imprimées et adresser celles-ci à la fin de chaque mois au Parquet du ressort.

DEUXIÈME PARTIE

DEUXIÈME PARTIE

DÉCISIONS JUDICIAIRES
MODIFIANT LA CAPACITÉ ET L'APTITUDE LÉGALE
DES PERSONNES

§ 17. — Considérations générales.

La capacité civile, l'aptitude légale ne résultent pas seulement des changements survenus dans l'état civil des citoyens, mais encore des modifications, restrictions, suppressions même apportées à la condition de la personne par des décisions judiciaires émanées des tribunaux, ou par la qualité de tuteur qui lui a été déférée.

Avant de traiter avec un tiers, on a besoin de connaître non seulement s'il est majeur, s'il est célibataire, marié ou veuf, mais encore s'il n'est pas interdit ou pourvu d'un conseil judiciaire; s'il n'est pas séparé de corps et de biens de son conjoint; s'il n'est pas chargé d'une tutelle; toutes circonstances qui modifient notablement les garanties qu'on doit espérer rencontrer chez la partie avec laquelle on contracte.

§ 18. — Interdiction. — Conseil judiciaire. — Séparation de corps. — Séparation de biens. — Tutelles.

En effet :

L'interdit, bien que majeur, est assimilé au vendeur pour sa personne et pour ses biens; il est incapable.

Le prodigue ne peut transiger, emprunter, recevoir un capital mobilier, aliéner ni grever ses biens d'hypothèques sans l'assistance d'un conseil qui lui est nommé par le Tribunal. C'est encore là une incapacité que les tiers doivent pouvoir vérifier.

Si tel individu est séparé de biens de sa femme, l'hypothèque légale de celle-ci frappe les biens de son mari ; celui-ci n'a plus l'administration des biens [de la femme ni la disposition des immeubles acquis pendant la communauté. Les droits de la femme pour la restitution de ses apports et autres reprises priment dans la plupart des cas les droits des créanciers du mari.

De plus, la femme séparée de biens reprend l'administration de sa fortune personnelle, peut disposer de ses valeurs et objets mobiliers, en toucher le montant ou le produit sans le concours ou l'assistance de son mari.

La femme séparée de corps a un domicile distinct de celui du mari, elle peut donc traiter directement du loyer d'un appartement par exemple, sans l'autorisation du mari. La séparation de corps entraîne d'ailleurs avec la séparation de biens toutes les conséquences de cette dernière.

Un tuteur doit compte de sa gestion au mineur qui a atteint sa majorité. Pour garantir les faits et gestes du tuteur la loi accorde au mineur, sur les biens de son tuteur, une hypothèque légale qui existe indépendamment de toute inscription apparente.

Il y a dans ces différents cas un intérêt majeur à ce que la découverte de ces faits soit rendue facile.

---

§ 19. — **Publicité à donner à ces décisions. — Nécessité de cette publicité.**

Si, pour assurer la sécurité des transactions, on se bornait à rendre publics les changements survenus dans l'état civil de la personne, on n'aurait pas fait tout ce qu'il y avait à faire ; le but ne serait pas complétement atteint. — A quoi bon m'apprendre que tel individu est majeur par exemple, si on ne me fait pas connaître qu'il est frappé d'interdiction, c'est-à-dire replacé en état de minorité.

Si l'on s'arrêtait ainsi à moitié chemin, les renseignements publiés, au lieu d'éclairer sur la véritable situation, serviraient à tromper ceux qui y auraient recours.

Il faut donc, pour être logique, que les décisions judiciaires et les faits desquels résulte une modification dans la capacité des personnes soient rendus publics au même titre que les événements relatifs à l'état civil.

Un pas a été fait déjà dans la voie de la publicité des contrats et dans l'intérêt des tiers, par l'énonciation dans l'acte civil de mariage du traité préalable intervenu entre les époux. (I oi du 10 juillet 1850).

---

§ 20. — Insuffisance des moyens de publicité prescrits par la loi.

Comment, aujourd'hui, découvrir la séparation de corps ou de biens prononcée entre deux époux?

Comment découvrir l'interdiction, la dation d'un conseil judiciaire, la tutelle dative?

Ces faits, il est vrai, sont consignés sur les registres des greffes des tribunaux ou des Cours qui ont prononcé les sentences. Mais quels sont les tribunaux ou les Cours qui ont statué?

Comment savoir devant quel juge de paix s'est réuni le conseil de famille qui a déféré la tutelle?

Evidemment ce mode de recherches par tâtonnements n'offre aucune certitude et doit être rejeté comme impraticable.

On peut objecter encore que la loi prescrit des mesures de publicité dont l'accomplissement dispense de l'emploi de toutes autres puisqu'elle les déclare suffisantes.

Ces mesures sont l'insertion d'un extrait du jugement dans un journal de l'arrondissement, le dépôt d'un autre extrait dans la Chambre des notaires et dans celle des avoués, l'affiche d'un extrait semblable en l'auditoire du Tribunal civil et en celui du Tribunal de commerce pendant un temps déterminé.

Ces formalités, qui peuvent suffire tout au plus pour le temps et pour le lieu où elles s'accomplissent, constituent une publicité illusoire, essentiellement restreinte quant à son étendue et quant à sa durée.

Elles ont d'ailleurs pour résultat immédiat de blesser profondément l'amour-propre des familles sans grand profit pour les tiers

Survienne un changement de domicile, et la publicité, qu'on n'est pas dans l'obligation de renouveler, n'existe plus ; les tiers n'ont plus de moyens de vérification, les décisions judiciaires deviennent un instrument de fraude. — On traite avec l'incapable et on devient sa victime; les décisions qni l'ont frappé et qu'il a laissé ignorer sont précisément celles qu'il invoque pour couvrir sa propre fraude; elles l'amnistient, le protégent, et condamnent la bonne foi des tiers.

La loi présente alors ce monstrueux résultat qu'au lieu de protéger la généralité des citoyens elle les abandonne pour n'accorder le bénéfice de sa protection qu'à un nombre infime ; qu'elle garantit ces quelques-uns contre les effets de leur propre fraude et sacrifie les tiers sans leur avoir fourni un moyen pratique de se prémunir.

---

§ 21. — Application, à l'égard des décisions judiciaires, du système proposé pour les faits de l'état civil.

Il est établi, je l'espère, que la publicité selon le mode prescrit par le législateur est insuffisante et illusoire.

Pour renseigner avec certitude les tiers sur ce qu'ils ont intérêt à connaître il faut donc recourir à un moyen plus efficace, à une publicité permanente, indépendante du domicile et ayant pour centre de rayonnement un fait unique, immuable, — la naissance.

Comme à l'égard des faits de l'état civil on utiliserait ici encore le système des bulletins avec mention en regard de l'acte de naissance, avec cette seule différence que les décisions à rendre publiques, émanant d'un Tribunal de première instance ou d'une Cour d'appel, les bulletins seraient délivrés non plus par les maires, mais par les greffiers de ce Tribunal ou de cette Cour.

Ces bulletins seraient de même et par l'intermédiaire des Parquets transmis au Greffe du Tribunal de l'arrondissement de la naissance.

Le lieu et la date de cette naissance auraient été préalablement insérés aux qualités du jugement ou de l'arrêt.

Il va de soi que le bulletin ne serait délivré par le greffier d'un tribunal qu'après l'expiration du délai d'appel.

En outre, lorsque la décision émanerait du Tribunal de l'arrondissement d'origine, il serait inutile de recourir au mode du bulletin pour faire mentionner le jugement en marge de l'acte de naissance. La mention, alors, serait faite après les délais d'appel directement et d'office par le greffier dépositaire à la fois du jugement et de l'acte de naissance.

---

§ 22. — Dispositions spéciales aux différentes sortes de tutelles.

La tutelle légale étant de droit, son existence résulterait suffisamment et par voie de déduction du rapprochement des mentions de naissance d'enfants encore en âge de minorité, de la mention de décès de l'un des époux. Si l'époux décédé laisse des enfants mineurs, évidemment le survivant est leur tuteur, sauf, bien entendu, les cas d'incapacité ou d'exclusion prévus par les art. 442 et suivants C. c. Mais alors la tutelle dative serait substituée a la tutelle légale.

Le bulletin de tutelle dative à mentionner en regard de l'acte de naissance du tuteur serait dressé par le greffier du Juge de paix qui aurait présidé le conseil de famille.

Tout bulletin de tutelle devrait indiquer la date de la naissance de chacun des pupilles afin de porter à la connaissance des tiers l'époque à laquelle la tutelle prendra fin et celle à laquelle cesseront ses conséquences.

Dans le cas de tutelle déférée par le père ou par la mère (art. 397 C. c.), circonstance qui se présente d'ailleurs rarement, le juge de paix du canton qui en aura connaissance soit par l'obligation qui pourrait lui être imposée de s'en enquérir, soit lors de la nomination d'un subrogé-tuteur, soit par une délibération subséquente quelconque, devrait en faire dresser un bulletin comme pour les tutelles datives.

Les formules de bulletins pour chacun des cas ci-dessus se trouvent ci-après sous les nos 6, 7, 9, 10.

---

§ 23. — Emancipation.

Les tiers peuvent avoir intérêt à être avertis de l'existence de l'émancipation d'un mineur, mais l'émancipé étant dans l'âge de la minorité, peut être, sans inconvénient ni préjudice, considéré et traité comme un mineur, jusqu'à ce qu'il ait justifié qu'il est sorti du droit commun.

On pourrait donc ici se dispenser de surcharger d'une mention spéciale l'espace réservé en regard de l'acte de naissance.

---

§ 24. — De la condition du failli.

La condition du failli non réhabilité entraine aussi des déchéances, mais le jugement de déclaration de faillite est déjà l'objet d'un bulletin classé au casier judiciaire. La délivrance d'un second bulletin et une mention spéciale deviendraient un double emploi parfaitement inutile.

---

§ 25. — De l'absence.

Pour des motifs divers, il est impossible parfois de s'assurer de l'existence d'une personne qui a disparu, ou de rapporter la preuve d'un décès dont on ignore le lieu. On a recours alors aux moyens indiqués par les art. 112 et suivants du Code civil dans le but de faire prononcer judiciairement la *déclaration d'absence.*

La mesure en elle-même n'est qu'un palliatif plein d'incertitudes et de dangers, mais enfin elle offre une issue légale.

Constatons tout d'abord que ces procédures longues et hérissées de formalités diminueraient dans une proportion notable si les décès étaient rendus publics au moyen des bulletins.

Mais il faut bien le reconnaître, il y aura toujours des individus dont il sera impossible de justifier du décès à raison — soit du nom que s'étaient attribués les défunts en échange de leur nom patronymique qu'ils avaient un intérêt quelconque à cacher, — soit de l'ignorance où l'on a pu se trouver de leur lieu d'origine, — soit de ce qu'ils étaient inconnus de ceux qui ont déclaré le décès à la mairie, — soit encore de ce que le décès a eu lieu en pays étranger, ou dans un naufrage, ou dans une bataille, etc. Le recours à la *déclaration d'absence* est le seul mode dont l'emploi soit alors possible pour tenir lieu de l'acte de décès.

L'absence déclarée devant, en définitive, suppléer au défaut d'acte de décès, doit être rendue publique non pas seulement par une insertion au *Journal officiel*, comme le prescrit l'art. 118, mais par une mention en regard de l'acte de naissance.

Cette mention, en laissant une trace permanente de la décision intervenue, éviterait à ceux qui pourraient l'ignorer, d'en provoquer plus tard et à grands frais une nouvelle, d'où naîtrait peut-être une contrariété de jugements.

La formule du bulletin à dresser dans ce but porte le n° 11.

§ 26. — Main-levées d'interdiction et de conseils judiciaires. — Nouveaux tuteurs.

L'interdiction cesse avec les causes qui l'ont fait prononcer

Il en est de même à l'égard du conseil judiciaire.

Lors donc qu'interviendra un jugement prononçant main-levée d'interdiction ou de conseil judiciaire, un bulletin devra en être délivré, puis mentionné, afin que les tiers soient avertis de la réintégration de la personne dans l'intégralité et la plénitude de ses droits civils.

Les changements de tuteurs, soit de mineurs, soit d'interdits, les désignations de nouveaux conseils judiciaires devront de même faire l'objet et d'un nouveau bulletin et d'une nouvelle mention.

La formule du bulletin et de la mention porte le n° 8.

---

§ 27. — Dispositions à l'égard des étrangers.

Création d'un casier civil central.

Dans tout ce qui précède, je n'ai eu en vue que les personnes nées sur le territoire français ou, si l'on veut, que les français de naissance.

Mais il est d'autres personnes qui, bien que nées hors du territoire français ont obtenu le droit d'être traitées à l'égal des français de naissance, ce sont les étrangers naturalisés.

Il en est d'autres qui, comme les Alsaciens-Lorrains, nés sur une terre alors française ont vu leur sol natal passer aux mains d'une nation étrangère.

D'autres encore sont nés à l'étranger d'un père français qui a conservé cette qualité, ou qui peut la recouvrer s'il l'a perdue.

Il est également important de pouvoir se renseigner sur ces personnes.

Mais leur acte de naissance n'existant pas en France, il faudrait bien aviser au moyen de parer à cette éventualité.

Par analogie avec ce qui se passe vis-à-vis de ces mêmes personnes au point de vue du casier judiciaire, on établirait au ministère de la justice parallèllement au casier judiciaire central qui y est installé, un casier civil central.

Dans ce casier viendraient se centraliser tous les bulletins concernant les individus nés sur une terre non française et chacun de ceux-ci aurait son dossier spécial.

Enfin des français résidant en pays étranger y voient leur propre état civil se modifier. Ils s'y marient; leurs enfants y naissent, leurs parents y meurent, etc., etc.

Ils peuvent avoir intérêt à ce que ces événements soient mentionnés comme s'ils se fussent accomplis en France.

En pareille occurence, des bulletins ne sauraient être dressés, aucune autorité n'ayant qualité pour le faire, mais il y aurait lieu d'admettre chaque intéressé à faire opérer la mention de l'événement à publier, en regard de l'acte de naissance qui serait désigné.

Dans ce but, l'acte à mentionner, dressé dans la forme usitée dans le pays habité par ce français, serait produit au greffier compétent. Ce dernier opérerait la mention et à titre de pièce justificative retiendrait l'acte produit, qui serait joint aux bulletins de l'année.

---

§ 28. — Avantages du système proposé, démontrés par des exemples.

Quelques exemples feront apprécier l'utilité pratique du système que je propose.

1. — Dans ma longue pratique comme greffier d'un tribunal de première instance et dépositaire des registres de l'état civil de tout l'arrondissement, j'ai été maintes fois appelé à faire sur ces registres des recherches dans le but de constituer une généalogie, à l'occasion de l'ouverture d'une succession.

Après avoir découvert l'acte constatant la naissance de celui qui fait le point de départ, on est arrêté pour remonter au-delà ou descendre en deça. On n'a qu'un anneau détaché et isolé de la chaîne que l'on veut suivre. Comment découvrir de qui étaient issus les auteurs de la personne dont on s'occupe? Comment savoir quels sont ceux qui sont nés d'elle, où et quand ils sont nés, s'ils existent encore où s'ils sont décédés?

Et quand on croit être arrivé au but on s'aperçoit que des similitudes de noms et quelquefois de prénoms font crouler tout l'échafaudage si péniblement élevé. Que de temps perdu! que de travail inutile! que de poussière secouée sans résultat!

Il en serait autrement si chaque acte de naissance contenait le lieu et la date de la naissance des père et mère.

On le comprend sans plus de commentaires.

2. — Lors d'un décès et surtout lorsque ce décès donne ouverture à une succession dévolue à des collatéraux, on est fort souvent

embarrassé pour découvrir l'existence, le domicile ou le degré de parenté des héritiers. — Après des recherches longues et sans résultat utile, on fait représenter les *absents* par un notaire, mais alors ce sont des frais, des lenteurs et des incertitudes.

Par la mise en pratique du système proposé, ces inconvénients et les frais qui en résultent disparaîtraient, — l'existence de l'héritier résulterait du défaut de mention de son décès, — la découverte de son domicile serait rendue facile par les mentions de son mariage, de la naissance de ses enfants, etc., etc. — Quant au degré de parenté, la justification en serait facile à établir par suite de la possibilité de remonter de naissance en naissance et de chaque côté de l'échelle jusqu'à l'auteur commun.

3 — L'inscription du décès d'un jeune homme en marge de l'acte de sa naissance faciliterait singulièrement l'établissement du tableau de recensement au point de vue du service militaire, rendrait impossible la fraude en cette matière et éviterait aux familles des démarches et des recherches pénibles.

4 — On peut en maintes circonstances et à tout propos avoir intérêt à savoir si tel individu est ou non marié, ou si la déclaration qu'il fait de son mariage est véridique, ou bien encore si la personne qu'il présente comme son conjoint a réellement cette qualité.

Aujourd'hui, la vérification de ces faits est à peu près impossible et exigerait des recherches longues, délicates et incertaines.

5. — La première question qui se présente quand il s'agit d'entrer en relation d'affaires avec une femme est celle de savoir si elle est célibataire, ou mariée, ou veuve. Si elle est mariée, elle est incapable de traiter valablement sans l'autorisation de son mari, si non de justice. Si elle est veuve, elle peut être chargée de la tutelle de ses enfants mineurs, cas auquel une hypothèque légale frappe ses biens. Enfin, si elle est célibataire, elle est libre de ses actes, à la condition qu'elle soit majeure et qu'aucune incapacité résultant de décisions judiciaires ne soit venue la frapper.

Aujourd'hui, comment contrôler les déclarations intéressées d'une femme ?

6. — La femme ayant sur les biens de son mari une hypothèque légale non apparente, il importe d'être en situation de vérifier si l'homme avec lequel on veut traiter est ou non marié.

7. — Pour admettre une femme à jouir d'une pension de veuve de fonctionnaire, on exige d'elle un certificat du greffier du Tribunal de sa résidence, constatant qu'elle n'était pas séparée de corps de son mari au jour du décès de celui-ci.

Ces certificats, qui sont délivrés à une femme que l'on ne connait pas, dont le mari, peut-être, n'habitait l'arrondissement que depuis peu, ne signifient rien, ne donnent aucune certitude et prouvent bien l'impuissance de la loi qui s'en contente.

Comment veut-on que le greffier auquel est demandé un certificat de cette sorte affirme d'une façon absolue un fait semblable, alors que le fonctionnaire dont il s'agit a, depuis l'époque de son mariage, changé 5, 6 ou 8 fois de résidence, parcourant les points extrêmes du territoire.

L'attestation du greffier ne porte et ne peut porter que sur le temps passé dans l'arrondissement; mais alors *quid* à l'égard du temps antérieur?

8. — Les bulletins d'Etat civil ayant un caractère d'authenticité participant de celui de l'acte dont ils seraient extraits, pourraient, dans le cas de destruction des deux doubles des registres-minutes, servir à la reconstitution des actes détruits.

Un grand nombre des actes de l'Etat civil de Paris, brulés pendant l'insurrection de 1871 et dont le rétablissement, tout incomplet qu'il est, a coûté tant de soins, de peines et d'argent, auraient pu être reconstitués sur des bases certaines si des bulletins, constatant des naissances, des mariages et des décès survenus à Paris eussent été établis, puis mentionnés en regard d'actes d'Etat civil dressés en province.

9. — Les renseignements fournis par les bulletins d'Etat civil seraient d'une grande utilité pour compléter ceux du casier judiciaire en permettant d'établir l'identité d'un prévenu qui a tout intérêt à laisser ignorer des antécédents qui le gènent.

De plus, les bulletins de décès en portant à la connaissance des greffiers la mort d'un condamné figurant au casier judiciaire, permettraient de retirer de ce casier les bulletins le concernant.

Par là disparaîtrait du casier judiciaire l'encombrement qui va en augmentant de jour en jour et qui rend les recherches plus longues et plus sujettes à erreur.

10. — Enfin, l'application du système des bulletins en ferait

3

à chaque instant reconnaître des avantages nouveaux, notamment la possibilité de la suppression des modes de publicité usités jusqu'à ce jour, devenus surannés et insuffisants tout en restant coûteux et obligatoires.

---

§ 29. — Bulletin de relevé des mentions. — Sa délivrance à tout requérant.

De même que lorsqu'on veut employer un individu dans les grandes administrations soit de l'Etat soit particulières on réclame la production de son casier judiciaire, de même lorsqu'on voudra contracter, entrer en relation d'affaires avec un tiers, on s'informera de ce qu'il est, au point de vue des intérêts matériels.

Il suffira pour atteindre ce but de s'adresser au greffier du Tribunal de première instance de l'arrondissement dont dépend la commune de la naissance de la personne, et de demander à ce greffier le relevé des énonciations contenues en regard de l'acte de cette naissance.

Le bulletin-relevé serait délivré par le greffier à tout requérant.

Le relevé des bulletins du casier civil central à établir au ministère de la justice à l'égard des étrangers ou du moins de ceux dont les actes de naissance ne sont pas déposés dans les archives d'un Tribunal français, ce relevé, dis-je, serait délivré par un préposé spécial du ministère.

La délivrance du relevé des mentions serait indépendante et distincte de celle de l'acte de naissance, c'est-à-dire que l'extrait de naissance d'une part et le bulletin récapitulatif d'autre part, seraient toujours délivrés séparément.

La formule spéciale du bulletin-relevé est ci-après sous le numéro 12.

---

§ 30. — Classement des bulletins.

Les bulletins, notamment ceux relatifs à l'Etat civil participant, comme il a été dit, de l'authenticité de l'acte dont ils seraient extraits, devraient être conservés avec soin, classés et enliassés par année dans l'ordre alphabétique et déposés aux archives du greffe afin qu'on p ût y avoir recours au besoin.

L'encombrement dans les archives du greffe n'est pas à redouter comme pourrait l'être le classement des .bulletins dans un casier ou meuble établi sur le modèle du casier judiciaire.

---

§ 31. — Indemnité ou rémunération à allouer aux greffiers des tribunaux civils.

En confiant aux greffiers des Tribunaux civils le soin de faire les mentions, on peut être assuré de la bonne et intelligente exécution de la mesure pro;etée, mais, il faut le reconnaître en même temps, ce serait augmenter leur travail déjà si important et si assujétissant , dans une proportion réellement considérable.

Le soin méticuleux qui devrait être apporté à la recherche des actes, à la constatation de l'identité, à l'inscription des mentions en regard des actes de naissance, au classement des bulletins, etc., nécessiterait l'emploi d'un commis supplémentaire dans la grande généralité des siéges.

Il serait souverainement injuste d'obliger les greffiers des Tribunaux à ce surcroit de travail et de dépense matérielle, sans une indemnité correspondante,

---

§ 32. — Fixation du chiffre des allocations.

Le principe d'une rémunération étant établi, il s'agit d'en fixer d'abord le chiffre, nous verrons ensuite à qui doit incomber la charge de l'indemnité.

Pour être simplement juste il faudrait allouer au greffier :

1º Un franc cinquante centimes pour l'extrait du jugement prononçant interdiction, séparation, absence etc., etc.

Cette allocation est celle minimum accordée aux greffiers, en matière civile, par le décret du 24 mai 1854, pour les actes les plus simples de leur ministère.

2° Vingt-cinq centimes pour recherche de l'acte de naissance et mention faite en regard.

Cette allocation est celle des bulletins du casier judiciaire.

3° Un franc cinquante centimes pour recherche de l'acte de naissance et délivrance du bulletin contenant le relevé de toutes les mentions inscrites en regard.

Et en outre dix centimes pour chaque mention relevée sur ce bulletin.

Ces indemnités, on le remarquera ne ; sont pas un émolument elles constituent une simple rémunération du temps matériellement employé.

---

§ 33. — A la charge de qui seraient les allocations des Greffiers.

Les indemnités ci-dessus seraient acquittées sans grever le budget de l'Etat, comme suit :

1° Le droit de 1 fr. 50 pour l'extrait du jugement serait payé directement par la partie qui aurait obtenu l'interdiction, la séparation, etc.

Ce droit insignifiant quant à son importance, loin d'apporter une augmentation dans l'état des dépens de l'instance, serait, au contraire, inférieur de beaucoup aux frais que nécessite aujourd'hui l'accomplissement des formalités de publicité qui devraient être supprimées.

Les jugements en pareille matière sont d'ailleurs peu nombreux et ne produiraient à chaque greffier qu'un chiffre de quelques francs par an.

2° Le droit du bulletin contenant le relevé des mentions serait acquitté directement par la partie qui en requerrait la délivrance.

3° Enfin le droit de 25 centimes par mention serait recouvré par semestre et sur état du greffier, rendu exécutoire contre la commune dont les registres auraient reçu la mention, en d'autres termes, par la commune sur les registres de laquelle est inscrit l'acte de naissance qui aurait reçu la mention.

Le chiffre à payer annuellement par chaque commune rurale serait représenté par quelques francs,

Ce mode de paiement, très-simple et très-juste, me semble faire une répartition aussi équitable que possible de la charge, puisque celle-ci serait en raison directe de la population de la commune, c'est-à-dire du nombre des intéressés.

---

§ 34. — Dispositions transitoires. — Travail rétrospectif.

Je crois avoir démontré quels grands avantages procurerait l'emploi du système que je viens d'exposer.

Ceux pour qui cette démonstration est faite reconnaîtront que la mise en pratique de ce système doit être prompte afin que les effets en soient aussi rapprochés que possible.

Cependant, comme les registres actuels de l'Etat civil ne sont pas disposés pour recevoir immédiatement des mentions marginales et que l'espace manquerait, il faudrait autoriser les greffiers à faire dès à présent l'annexe d'une feuille de papier en regard des actes anciens.

Un autre mode plus praticable consisterait à inscrire les mentions à la fin des registres anciens sur le timbre non utilisé, s'il en existe, augmenté au besoin du nombre de feuilles supplémentaires que nécessiterait l'inscription des mentions.

Le coût du timbre ainsi ajouté serait recouvré sur la commune.

Il serait bon même de faire un travail rétrospectif remontant à dix années, par exemple.

Lors de la création du casier judiciaire en 1850, le travail rétrospectif a porté sur vingt années antérieures, c'est-à-dire qu'on l'a fait remonter jusqu'à 1830.

---

§ 35 et dernier. — Cloture.

Les hommes initiés aux affaires comprendront à la lecture de ce qui précède combien de recherches trop souvent vaines et combien de soucis leur seraient épargnés, combien d'incertitudes seraient levées et combien de temps serait gagné si, d'un seul coup d'œil ils pouvaient se rendre un compte exact de la situation de la personne.

Il en résulterait sécurité dans les transactions, facilité et confiance dans les affaires, célérité dans toutes les opérations.

Tel est, en résumé, le résultat de recherches longues, patientes et souvent interrompues.

Ce travail est incomplet sans doute, il laisse beaucoup à désirer sous le rapport de la méthode et de l'arrangement, mais l'idée qu'il contient, — tout au moins en germe — mérite de fixer l'attention.

J'ai beau chercher, j'ai beau réfléchir, il ne m'est pas possible de découvrir un seul inconvénient qui puisse balancer à un degré quelconque les avantages de la mesure proposée.

Le principe est juste, l'application est facile et peu dispendieuse, le mécanisme est simple, et cependant les résultats pratiques sont considérables.

Pourquoi les hommes auxquels appartient l'initiative des lois ne donneraient-ils pas un corps à cette idée en créant au point de vue des intérêts civils, l'équivalent ou la contre-partie du casier judiciaire?

Si l'exposé que je viens de faire pouvait attirer l'attention des hommes en situation d'influer sur la mise à exécution de mon système, je m'estimerais heureux d'avoir contribué, même dans une limite bien restreinte, à mettre en lumière une idée qui est st simple qu'il paraît surprenant qu'elle ne se soit pas fait jour plutôt. (1).

---

(1) De 1860 à 1863, M. Lionel d'Albiousse, alors juge au Tribunal de Castellane a proposé quelque chose d'analogue; mais, toute question d'amour-propre à part. mon système est *plus complet* et cependant *plus simple* et *surtout plus pratique*.

APPENDICE

APPENDICE

MODÈLE N° 1

Bulletin de naissance d'un enfant légitime, à mentionner en regard de l'acte de naissance du père et de celui de la mère.

Bulletin de naissance, destiné au greffe du tribunal de première instance de........

(Ici le nom patronymique en grosses lettres.)

(Ici les prénoms donnés à l'enfant)

Fils de (ou *fille de)* (nom et prénoms du père) *né à* (lieu de naissance du père) *arrondissement de... département de... le...* (date de la naissance du père), *demeurant à... arrondissement de...*

Et de (nom et prénoms de la mère) *née à... arrondissement de... département de... le...*

Est né (ou *née*) *le...* (date de la naissance de l'enfant) *à... arrondissement de... département de...*

Acte a été dressé de cette naissance sur les registres de l'état civil de la commune de... le...

Délivré à... le... 18...

Sceau de la mairie,   *Le maire,*
officier de l'état civil,
(Signature.)

Formule de la mention à faire en exécution
(Les nom et prénoms) *fils* (ou *fille*) *de... et de... est né* (ou *est née*) *à... arrondissement de... le...*
Signature du greffier.

Il sera facile d'approprier cette formule au cas où il s'agira d'un *enfant naturel* reconnu par le père et par la mère ou par l'un des deux seulement.

MODÈLE N° 2

Bulletin de reconnaissance d'un enfant naturel, à mentionner en regard de l'acte de naissance de l'enfant reconnu et de l'acte de naissance des parents naturels qui ont fait la reconnaissance.

Bulletin de reconnaissance d'enfant naturel, destiné au greffe du tribunal de première instance de ....

(Ici le nom sous lequel l'enfant est inscrit à l'état civil.)

(Ici les prénoms.)

Né (ou *née*) *à... arrondissement de... département de... le...*

Et désigné (ou *désignée*) *dans son acte de naissance comme...* (étant né de père inconnu, ou de père et mère non-dénommés, etc.)

A été reconnu (ou *reconnue*) *pour son enfant naturel par...* (Nom et prénoms de celui ou de celle qui fait la reconnaissance) *né* (ou *née*) *à... arrondissement de... département de... demeurant à...*

Cette reconnaissance résulte d'acte dressé par le maire officier de l'état civil de la commune de... arrondissement de... le...

A l'avenir, l'enfant reconnu portera le nom de....

Délivré à ... le...

Sceau de la mairie, *Le maire,*
officier de l'état civil,
(Signature.)

Formule de la mention à faire en regard de l'acte de naissance de l'enfant.

L'enfant naturel dénommé dans l'acte ci-contre, a été reconnu par... né (ou *née*) *à... arrondissement de... le... ainsi qu'il résulte d'acte dressé par l'officier de l'état civil de... arrondissement de... le...*
Il portera à l'avenir le nom de...

Formule de la mention à faire en regard de l'acte de naissance du père ou de la mère.

(Les nom et prénoms de l'enfant reconnu) *né* (ou *née*) *à... arrondissement de... le... a été reconnu pour son enfant naturel par* (Nom du père ou de la mère) *suivant acte dressé par l'officier de l'état civil de la commune de... arrondissement de... le...*

MODÈLE N° 3

Bulletin de mariage à mentionner en regard de l'acte de naissance de chacun des époux.

(Ici le nom patronymique de l'époux) (1)

(Ses prénoms.)

*Fils de... et de... né à... arrondissement de...
le...* (indiquer la profession et le domicile de
l'époux.)

Et (nom patronymique de l'épouse.)

(Ses prénoms).

*fille de... et de... née à... arrondissement de...
le...* (Indiquer la profession et le domicile.)

*Ont contracté mariage pardevant l'officier de
l'état civil de... arrondissement de... le...*

Délivré à... le...

Sceau de la mairie,   *Le maire,
officier de l'état civil,*
(Signature.)

**Formule de la mention à faire en regard
de l'acte de naissance de chacun des
époux.**

A contracté mariage avec... (nom et prénoms de
l'autre époux) *né* (ou *née*) *à... arrondissement
de... le... devant l'officier de l'état civil de la
commune de... arrondissement de... à la date
du...*

---

(1). La prés nte formule est destinée à faire opérer
la mention en regard de l'acte de naissance du mari.
La formule destinée à faire opérer pareille mention
en regard de l'acte de naissance de la femme, devra
porter en tête les nom et prénoms de celle-ci, c'est-à-
dire que la femme sera insci ite la première.

MODÈLE N° 4

Bulletin de légitimation à mentionner en regard des actes de naissance : 1° du légitimé, 2° et 3° de chacun des père et mère.

Bulletin de légitimation, destiné au greffe du tribunal de première instance de... ..

(Ici le nom sous lequel le légitimité a été inscrit à l'état civil.)

(Ses prénoms.)

Né (ou *née*) *à... arrondissement de... le... et désigné en son acte de naissance comme étant...*

A été légitimé (ou *légitimée*) *par mariage contracté à... arrondissement de... le... entre*

1° (Nom et prénom du père) *né à... arrondissement de... le... demeurant à... arrondissement de...*

2° *Et* (nom et prénoms de la mère) *née à... arrondissement de... le...*

En conséquence l'enfant légitimé portera à l'avenir le nom de... qui est celui de son père.

Délivré à... le...

Sceau de la mairie,   *L'officier de l'état civil ayant procédé au mariage.*

(Signature)

Formule de la mention à faire en regard de l'acte de naissance du légitimé.

Légitimé (ou *légitimée*) *par mariage contracté à... arrondissement de... le... entre :* 1° (nom, prénoms, lieu et date de la naissance du père.)

2° *Et* (nom, prénoms, lieu et date de la naissance de la mère.)

Formule de la mention à faire en regard des actes de naissance des père et mère.

(Nom et prénoms de l'enfant) *né à... arrondissement de... le... a été légitimé par mariage contracté à... arrondissement de... le... entre :*

1° (Nom, prénoms, lieu et date de naissance du père.

2° *Et* (nom, prénoms, lieu et date de naissance de la mère.)

Il sera facile d'approprier cette formule au cas, très-rare d'ailleurs, de l'*adoption*.

MODÈLE Nº 5

Bulletin de décès à mentionner en regard des actes de naissance : 1º du défunt, 2º de son conjoint, si le défunt était marié.

Bulletin de décès, destiné au greffe du tribunal de première instance de.........

(Ici le nom patronymique du défunt.)

(Ses prénoms.)

fils (ou *fille*) *de* (nom et prénoms du père) *et de* (nom et prénoms de la mère) *né* (ou *née*) *à... arrondissement de... le...* (date de la naissance du défunt,) (indication de la profession et du domicile.)

Célibataire, ou bien *époux* ou *épouse*, *veuf* ou *veuve de...* (nom et prénoms de l'autre époux) *né* (ou *née*) *à... arrondissement de... le...* (indication de la profession et du domicile.)

Est décédé (ou *décédée*) *à... arrondissement de... le...*

Délivré à... le...

Sceau de la mairie,　　　　　*Le maire,*
　　　　　　　　　officier de l'état civil,
　　　　　　　　　　(Signature.)

Formule de la mention à faire :

1º En regard de l'acte de naissance du défunt :

Décédé à... arrondissement de... le...

2º En regard de l'acte de naissance du conjoint survivant :

(Nom et prénoms du défunt.) (La date et le lieu de sa naissance sont déjà indiqués dans la mention du mariage) *époux* (ou *épouse*) *de... est décédé à... arrondissement de... le...*

MODÈLE N° 6

Bulletin d'interdiction à mentionner en regard de l'acte de naissance de la personne frappée par le jugement.

Bulletin d'interdiction, destiné au greffe du tribunal de première instance de........

(Ici le nom patronymique.)

(Ses prénoms.)

fils (ou *fille*) *de...* (nom et prénoms du père.) *et de...* (nom et prénoms de la mère).

Né (ou *née*) *à... arrondissement de... le...*

'Profession et domicile) *célibataire* (ou bien *époux* ou *épouse, veuf* ou *veuve de...*

A été déclaré en état d'interdiction par jugement du Tribunal de première instance de... à la date du... devenu définitif le...

(Ou) par arrêt de la Cour de... à la date du... devenu définitif, sur l'appel d'un jugement du Tribunal civil de...

Délivré au Greffe du Tribunal civil de... (ou de *la Cour de.... le...*

Sceau du Tribunal ou de la Cour,

Le Greffier, du Tribunal ou de la Cour,

Formule de la mention à inscrire en regard de l'acte de naissance de l'interdit.

Interdit (ou *interdite) par jugement du Tribunal de première instance de...* (ou *par arrêt de la Cour d'appel de...*) *à la date du... devenu définitif.*

NODÈLE N° 7

Bulletin de jugement imposant un Conseil iudiciaire, à mentionner en regard de l'acte de naissance du prodigue.

Bulletin de conseil judiciaire, destiné au greffe du tribunal de première instance de
. . . .

(Ici le nom patronymique du prodigue.)

(Ses prénoms.)

fils (ou *fille*) *de* . . . (nom et prénoms du père.) *et de* (nom et prénoms de la mère)

Né (ou *née*) *à* . . . *arrondissement de* . . . *le* . . . (profession et domicile) *célibataire* (ou *époux*, ou *épouse*, ou *veuf*, ou *veuve de* . . .) (noms et prénoms de l'autre époux).

A été pourvu d'un conseil judiciaire en la personne de (nom, prénoms, profession et domicile du conseil.)

Par jugement du Tribunal de première instance de . . . *en date du* . . . *devenu définitif le* . . .

Ou : Par arrêt de la Cour d'appel de . . . *rendu le* . . . *devenu définitif.*

Délivré au Greffe du Tribunal civil de . . . (ou) *de la Cour d'appel de* . . . *le* . . .

Signature du greffier,

Formule de la mention :

Pourvu d'un conseil judiciaire en la personne de . . . (nom, prénoms, profession et domicile du conseil) *par jugement du tribunal de première instance de* . . . *à la date du* . . . *devenu définitif le* . . .

Ou : Par arrêt de la Cour de . . . *à la date du* . . . *devenu définitif.*

4

MODÈLE N° 8

Bulletin de main-levée d'interdiction (ou de main-levée de conseil judiciaire), à mentionner en regard de l'acte de naissance de la personne qui en bénéficie.

Bulletin de main-levée d'interdiction, (ou de conseil judiciaire) destiné au greffe du tribunal de première instance de......

(Ici le nom patronymique.)

(Ses prénoms).

fils ou *fille de...*) *(*noms et prénoms du père.)
et de... (nom et prénoms de la mère,)

Né (ou *née*) *à... arrondissement de... le...*
(Profession et domicile, *célibataire* ou bien *époux, épouse, veuf, veuve de...* (nom et prénoms du conjoint.)

A été relevé par jugement du Tribunal de première instance de... à la date du... devenu définitif le...

Ou : Par arrêt de la Cour de... à la date du... devenu définitif.

De l'interdiction qui a été prononcée contre lui (ou *contre elle) par le jugement du...* (ou *par l'arrêt du...*)

Ou bien : Du conseil judiciaire qui lui a été imposé par le jugement du... (ou *par l'arrêt du...*)

Délivré à... le...

Sceau du Tribunal ou   Signature du greffier,
de la Cour

Formule de la mention :

Relevé d'interdiction (ou de conseil judiciaire) Par jugement du Tribunal civil de... à la date du... devenu définitif...

Ou bien : Par arrêt de la Cour d'appel de... à la date du... devenu définitif le...

Signature du greffier,

MODÈLE N° 9

Bulletin de séparation de corps (ou de séparation de biens, à mentionner en regard de l'acte de naissance de chacun des époux.

Bulletin de séparation de corps (ou de biens) destiné au greffe du tribunal de première instance de......

(Ici le nom patronymique.)

(Les prénoms.)

fils (ou *fille*) *de*... (noms et prénoms du père) *et de*... (nom et prénoms de la mère)

Né (ou *née*) *à*... *arrondissement de*... *le*... (profession et domicile.)

A été, sur sa poursuite (ou bien : *sur la poursuite de son mari ou de sa femme*) *déclaré séparé* (ou *déclarée séparée*) *de corps et par suite de biens de*... (nom, prénoms, lieu et date de la naissance de l'autre époux, profession et domicile.)

Par jugement du Tribunal civil de... *à la date du*... *devenu définitif le*...

Ou : *Par arrêt de la Cour d'appel de*... *à la date du*... *devenu définitif.*

Délivré à... *le*...

Sceau du Tribunal ou de la Cour,   Signature du greffier,

NOTA. — La séparation de biens ne pouvant être poursuivie que par la femme, la formule ci-dessus sera modifiée en conséquence.

Formule de la mention :

1° En matière de séparation de corps :

Un jugement du Tribunal de première instance de... *à la date du*... *rendu sur la poursuite de*... (du mari ou de la femme) *et devenu définitif le*... *a prononcé séparation de corps et par suite de biens entre*... (noms et prénoms des deux époux.)

2° En matière de séparation de biens :

Un jugement du Tribunal de première instance de... *en date du*... *devenu définitif le*... (ou bien : *Un arrêt de la Cour de*... *en date du*... *devenu définitif*) *a prononcé séparation de biens entre*... (noms et prénoms des époux.)

MODÈLE N° 10

Bulletin de tutelle dative, à mentionner en regard de l'acte de naissance du tuteur.

Bulletin de tutelle dative, destiné au greffe du tribunal de première instance de......

(Ici le nom du tuteur.)
(Ses prénoms.)
fils de ... (nom et prénoms du père.)
et de ... (nom et prénoms de la mère.)
Né à... *arrondissement de*... *le*... (profession et domicile.)

A été, par délibération du conseil de famille prise devant M. le juge de paix du canton de... *arrondissement de*... *le*....

Nommé tuteur des enfants mineurs issus du mariage de... (nom et prénoms du père, profession et domicile et, s'il y échet, lieu et date du décès, *et de* (nom et prénoms de la mère, lieu et date du décès, si c'est le décès de celle-ci qui a donné lieu à la désignation du tuteur datif.)

Lesquels enfants sont :

1° (Nom et prénoms), *né à*... *arrondissement de*... *le*...

2° (Nom et prénoms) *né à*... *arrondissement de*... *le*...

3° Etc., etc.

Délivré à... *le*...

Sceau de la justice de paix,   *Le greffier,*
                        de la justice de paix,

Formule de la mention à faire :

Nommé tuteur des mineurs ci-après, issus du mariage de... *décédé le*... *avec*... *suivant délibération prise devant le juge de paix du canton de*... *arrondissement de*... *le*...

1° (Nom et prénoms du mineur) *né à*... *arrondissement de*... *le*...

2° Id.

3° Id.

NOTA. — Lorsqu'il s'agira de la tutelle d'un interdit ou du conseil judiciaire donné à un prodigue, la formule ci-dessus subira les modifications nécessitées par les circonstances.

MODÈLE Nº 11

Bulletin de déclaration d'absence à mentionner en regard de l'acte de naissance de l'absent.

Bulletin de déclaration d'absence, destiné au greffe du tribunal de première instance de.........

(Ici le nom patronymique.)

(Ses prénoms.)

fils de ou (*fille de...*) (nom et prénoms du père.) *et de...* (nom et prénoms de la mère.)

Né (ou *née*) *à... arrondissement de... le...*

A été déclaré absent par jugement du tribunal de première instance de... à la date du... devenu définitif le...

Et ses héritiers présomptifs ont été envoyés en possession de ses biens dans les termes des art. 120 et suiv. C. c.

Délivré à... le...

Sceau du Tribunal,   *Le greffier du tribunal civil de...*

Formule de la mention :

A été déclaré absent par jugement du Tribunal civil de première instance de... à la date du... devenu définitif le... et ses héritiers présomptifs ont été envoyés en possession de ses biens dans les termes des art. 120 et suiv. du code civil.

MODÈLE N° 12

**Formule du bulletin contenant le relevé
des mentions.**

Tribunal de pre-
mière instance de
. . . .

*Relevé des mentions inscrites en regard de l'acte
de naissance de...*

(Ici le nom patronymique en grosses lettres.)

(Les prénoms.)

fils (ou *fille*) *de...* (Prénoms du père.)
et de (nom et prénoms de la mère.)

Né (ou *née*) *à... arrondissement de... le...*

(Transcrire textuellement les mentions dans
l'ordre chronologique.)

*Certifié conforme par le greffier soussigné, dépo-
sitaire de l'acte de naissance.*

A... le...

(Sceau du Tribunal)   (Signature du greffier.)

TABLE

PREMIÈRE PARTIE

ETAT CIVIL

DEUXIÈME PARTIE

DÉCISIONS JUDICIAIRES MODIFIANT LA CAPACITÉ ET L'APTITUDE LÉGALE DES PERSONNES

————

APPENDICE

FORMULE

Vole.— Impr. Bluzet-Guinier.

www.ingramcontent.com/pod-product-compliance
Lightning Source LLC
Chambersburg PA
CBHW050524210326
41520CB00012B/2428